말이 꾸는 꿈

리토피아
LITERATURE & UTOPIA

리토피아포에지 · 76
말이 꾸는 꿈

인쇄 2018. 10. 13 발행 2018. 10. 18
지은이 고창수 펴낸이 정기옥
펴낸곳 리토피아
출판등록 2006. 6. 15. 제2006-12호
주소 402-814 인천 남구 경인로 77
전화 032-883-5356 전송 032-891-5356
홈페이지 www.litopia21.com 전자우편 litopia@hanmail.net

ISBN-978-89-6412-100-9 03810

값 9,000원

이 도서의 국립중앙도서관 출판예정도서목록(CIP)은 서지정보유통지원시스템 홈페이지(http://seoji.nl.go.kr)와 국가자료공동목록시스템(http://www.nl.go.kr/kolisnet)에서 이용하실 수 있습니다.(CIP제어번호: CIP2018031911)

고창수 시집

말이 꾸는 꿈

리토피아
LITERATURE & UTOPIA

시인의 말

시의 세계가 사람이 사는 세계처럼 실현가능성이 무한히 열려있는 세계이고, 현실뿐만 아니라 인간에게 주어진 상상력이라는 신비한 창조적 영역 속에서도 시가 만들어지며, 상상의 세계가 현실세계를 보충하고 확대한다는 것을 깨닫게 된다. 의사소통을 전제로 한 시 쓰기도 중요하지만 독자를 의식하지 않는 창작행위도 가치가 있다는 생각도 든다. 또한 좋은 시를 써야겠다는 집념은 누구나 가질 수 있는 것이겠으나, 좋은 시로 평가 받지 못하는 작품도 한 시대, 사회가 만들어 내는 창작물의 일부가 된다는 느낌도 갖게 된다.

이미 써놓은 시를 읽어보면 무언가 부족하다는 아쉬움이 많다. 나의 경우 글 읽기의 삼매경에 빠지는 때는 많으나 막상 글을 쓰는 일에는 몰입하지 못하는 사정이 있음을 깨닫게 되며, 좀 더 깊이 글쓰기의 삼매경에 빠져야 하겠음을 통감하게 된다.

그간 분산되었던 관심과 노력이 시 쓰기 쪽으로 집중되어, 무언가 새롭고 더 나은 시 작품을 만들고 싶은 바람이 크며, 아울러 모국어에 대한 애착과 천착을 더해 가야 하겠다는 마음이 간절하다.

2018년 9월

고창수

차례

제1부

제2부

제3부

제4부

| 제1부 |

마차와 바퀴

바퀴를 잃고
호수를 건너간 마차에는
몇 사람이 타서
몇 개의 바퀴를 보았는가?
말은 하늘로 가고
마차는 산 너머 사라지고
바퀴는 허공을 떠돈다면
마차와 바퀴와 말은 모두 몇인가?
몇은 있는 것이고
몇은 없는 것인가?

눈길

내 눈길이
네 얼굴에 등불을 켜고
네 눈길이
내 얼굴에 꽃을 피우듯
우리가 애타게 바라볼 때
어둡던 하늘 한 구석이
밝아온다면
아! 우리는
애타게 애타게
노래 부르리

가을에

가을은 그 맑은 광채로
우주의 끝까지 비춰줍니다
우리의 몸은 오색 연처럼 하늘에 뜨고
우리의 눈 속엔
만화경의 세계가 넘실거립니다
우리의 넋을 울리는
우주 교향악이 울려 퍼집니다

우주의 무한공간 속으로 맨몸을 던졌던
옛 시인들을 기리게 하시고
한국말의 시원 너머
언어가 태어나는 기적을 보게 하소서
한민족의 가슴에 난 상처를
우리의 시 속에 옮겨오게 하소서
우리의 시공이
우주 속에 오래 피어있는 꽃동산임을 믿게 하소서
우주의 신비에 눈뜨게 하시고
또한 우주의 신비에 눈감게 하소서

아가에게

하 많은 세월을 지나
너는 존재 속으로 얼굴을 빠끔 내민다
네가 얼굴을 이 세상 속으로 내밀 때
어느 다른 세상에서 네 얼굴이 퇴장한다
너의 밝은 얼굴은
어느 다른 세상의 거울 속에도 나타난다
너는 너의 독특한 표정으로
사물에 도장을 찍는다
네가 존재 속으로 시선을 던지면
존재는 나지막한 소리를 내며
미소 짓는다
오래 오래 기다려온 사물들이
눈을 어렴풋이 뜬다
사물들은 나지막한 날개 소리를 내며
하늘로 날아오른다
포르르 포르르 날개를 치면서
아가야 너의 풍경 속으로 들어간다
아가는 형태가 없는 시공에서

형태가 분명한 시공 속으로 그 얼굴을 내민다
아가야 어서 얼굴을 내밀고 활짝 웃어주어라
엄마 아빠가 불을 환히 밝히고 지켜서있는
우리의 시공 속으로 얼굴을 내밀고 웃어주어라

달빛

—강변에 살면서

내 서정의 밤엔
달빛은 강바닥의 깊은 거울에 부딪쳐
은빛 종소리를 내고
귀울음으로
내 안에 울려 퍼진다
나는 저승인양 강을 오래 명상하고
강물에 비친 화랑 기파랑의 모습도 본다
지수화풍으로 사색하는
내 넋의 형상을
강물은 서늘히 비쳐주고
가청주파수 너머 목소리로
나를 불러준다

찰나

찰나와 찰나 사이에
쐐기를 박는 연습을 한다
사람에게 한 숨 여유도 주지 않는
빽빽이 이어진 찰나들의 행진
음식을 입에 넣으면
서로 다투어 끌어당기는
혀, 목구멍, 식도의 끈질긴 운동 같은
하지만 필요할 땐
빙산의 크레바스처럼 벌어져
사람의 목숨쯤은 단숨에 삼키기도 하고
영겁의 번갯불을 잠시 보여주기도 하는
찰나와 찰나 사이의 간격

찰나와 찰나 사이에
쐐기를 박고
내 번뇌나 거드름
또는 세상 실경을 한동안 끼워 넣는
그런 연습을 한다

생명

생명의 얼굴 위엔 시간의 피가 흘러내린다. 아! 하고 부르짖는 시간의 피가 흘러내린다. 생명은 시간의 바람에 흔들리는 촛불이지만 영겁 속에 깊게 낙인 된다. 생명은 말과 의미를 만들어내고 우리 귀와 눈에 찬란한 존재의 축제를 벌여준다. 생명은 영겁의 바위를 깨고 불타는 목청을 우리 풍경 속에 던져준다. 우리 존재의 귀에 어떤 기적을 귀띔해준다. 죽음은 생명의 그림자이다. 시간처럼 기척 없이 생명 주위를 서성대지만 생명 뒷전에서 졸고 있는 그 이빨이 번쩍일 때도 있다. 생명에 붙어있는 속살처럼 죽음은 생명을 결코 떠나지 못하고 그리운 사람의 눈동자로 목소리로 남는다. 그 동공 속엔 흔들리는 생명의 모습만 찍혀있다. 영겁과 찰나가 서로 비쳐주듯 생명과 죽음은 서로 비쳐준다. 생명과 죽음은 서로의 형상을 지어준다. 시공은 우리의 환희와 고통을 묵묵히 받아들이지만 환희와 고통은 온전히 우리 것이다. 생명과 고통은 영원히 나의 것이지만 그러나 너를 향하여 불탄다. 생명은 기적 속에서 나와서 기적 속으로 돌아간다. 우리의 애타는 시상은 그 길을 밝혀줄 수도 있다.

말러 교향곡 1번

말러 교향곡 1번을 듣고 또 듣는다
시인 라이너 마리아 릴케가 장미 가시에 찔리기 전
"두이노 비가"를 쓴 그 뮈조성이 있는
스위스 알프스 산 그림자가 바람에 실려오는
머나 먼 제네바에 우리가 살 때
선생의 프랑스 말을 잘못 듣고 소풍날 학교에 가니
선생도 학생도 간데 온데 없었다는 어린것들이 부르던
프랑스 동요 "프레르 자끄"의 가락이 자꾸자꾸 들려오는
말러 교향곡 1번
내 마음을 미리 알아챈 귀재 말러가
은근슬쩍 끼워 넣어 준
"프레르 자끄"의 가락과 메아리가 자꾸자꾸 들려오는
말러 교향곡 1번을 듣고 또 듣는다

시인

시인은
모국어에 난 상처를
자신의 시 속에
되살리는 사람
시인은 타고난 시력으로
우주의 실체를
그려내는 사람
시의 얼굴 위엔
낯선 나라의 꽃과 나무, 사람의
그림자가 어른거리고 있음이여!

푸념

주황빛 잉어는 하늘에 떠 있고
사시나무는 땅에서 떨고 있다
신이 내리기만 하면
칠흑 어둠은
백열의 빛살이 되고
비바람은 마냥
하늘로 타오를 것이다
세상의 고통은
우주의 교향악으로 풀려나가고
그 어진 짐승들도
하늘로 날아갈 것이다
천지신명께서는
사람의 덧없는 이 한 마당을
영겁의 깊은 꿈 속으로
품고 갈 것이다

화장대 거울

어느덧 십 년 전 삼복더위에
음악가 김 선생 댁에 갔던 일이 생각난다
아파트 공터에 누가 내다 버린
어른의 키만한 화장대 거울을 보고
고대 그리스 나르시스 신화가 떠올라서
자기 집 거실에 들여놓았다고 했다
김 선생은
자기와 같이 거울 앞에 서서
거울 속을 들여다보자고 했다
팔순을 바라보는 김 선생과 거울 앞에서
사진을 찍듯 정색을 하고
거울 속을 들여다보았다
우리가 거울 앞에 그렇게 서서
거울 속을 들여다본 것은
어떤 퍼포먼스였을까?
그 때 사진을 찍어 두지 못한 것이 아쉽다

당신의 얼굴

당신의 얼굴은
내 밤길을 비쳐주는
등불입니다
당신의 얼굴은
거친 바다에서 만나는
등댓불입니다
당신의 얼굴은
푸른 들 푸른 바다가 보이는
창문입니다
당신의 얼굴은
나의 밤과 낮을 이어주는
그리움입니다

시적인 것

지난 겨울 어느 날
전화로 박 시인이, 날씨도 화창하니
한강이 멋지겠군요 라고 말했다
엄동설한 두터운 커튼이 드리운
유리창을 쳐다보며
커튼 때문에 보이지 않는다고 대답하였다

아쉬운 마음에 그 이야기를
어느 시인들에게 했더니
한 사람이 그것 참 시적이네요 라고 말했다

정작 시적인 것으로 말한다면
어쩌다 집사람이
이것 용돈으로 쓰세요 하면서
아무렇지 않게 건네주는
용돈 봉투만 한 것이 또 있으랴
그런 엉뚱한 생각이 슬며시 들었다

숙아

호모 하빌리스
호모 루돌펜시스
호모 에렉투스
호모 사피엔스

숙아, 숙아
어디에서 날 부르는
숙아!

북한산을 그리며

한강을 바라보며
북한산을 생각하면
나는 알 듯도 하다
북한산과 한강이
어떤 기를 내뿜으며
서로를 끌어당기는지를
가끔 와불 같이도 보인다는
북한산 아래 사는 사람들이 더러
먼 바다도 그리워하고
도심의 포장마차도 그리면서
서로의 미망을 달래기도 한다는데
나는 알 듯도 하다
과연 산은 산이고
물은 물인지
강이 흘러가는 시공이라면
산은 흔들리는 영겁인지
나는 알 듯도 하다
초생 달 뜬 깊은 밤엔

한강이
북한산을 품고 있는지
나는 알 듯도 하다

바다의 목소리

이 마을 어부의 아내들이 두려워하는
바다의 속삭임엔
낡은 그물과 녹슨 나침반과
용골의 포효가 섞여 있다
귓가에 바다의 속삭임을 듣는 사나이가
허파가 반쯤 바닷물에 젖은 여인에게 물었다
당신의 바다는 A단조인가, 12음계인가
당신의 바다는 뼈의 숲인가, 살의 꿈인가?
연안부두에는 없는 것을 찾아온 나그네가
영문도 모르고 듣는
갈매기 소리
작약도로 가라고
아무 말 말고 작약도로 가보라고
한 시절의 바다 목소리
한 시절의 방황
한 시절의 가난
한 시절의 청어 지느러미
내가 바다를 노려보는 동안

바다 수면에 반쯤 모습을 내민
수많은 눈알들이
숨을 죽이고
나를 응시하고 있었다
서해안 어시장에서
먼 바다 물고기의 회를
온종일 뜨던 아줌마는
바다를 초혼하는 잠꼬대를 하면서
회를 뜬 그 많은 물고기를
먼 바다로 방생하고 있었다

디지털 랩소디

신들이 깨어놓은 즈믄 거울 속에
바다가 침몰해 있다
그 거울들을 끌어 모을 수가 없다
그 거울을 찾아 헤매던 사람들은
다 돌이 되었다

마법의 신들도
많은 섬을 바다에 침몰시킨 다음
거대한 석상으로 변신하였다

그 신들이 숨겨둔 암호는
우주로 통하는 문이다
그러나 그 문은 미망의 불길에 싸여 있다

그 미망의 문을 부셔버려라
디지털의 기운으로
부셔버려라
이 디지털 시대에

디지털로 흔들리는 영상으로
디지털로 떨리는 가슴으로

폐물

시공의 가위 그림사가
시계의 얼굴을 잘라내고 있다
시간을 주름잡던 자전거 바퀴들도 멎었다
그림자가 풍경의 깊이를 더해주듯
부재는 존재의 깊이를 더해준다
정지는 운동의 깊이를 더해준다
부재는 존재의 윤곽을 드러내는 후광이다
시공 속에 정지된 사물들은
시공 속에서 중단된 그들의 동작을
영원 속에서 계속하고 있다
사람의 꿈에서처럼
영원은 시공 속에
신비의 신기루 궁전을 세운다
시간이 우리를 포위하고 있듯
영원은 시간을 포위하고 있다
우리는 모두
영원이 시간과 충돌하여
정지된 사물들이 되살아나기를 바란다

빈 꽃병

고려청자 꽃병이 비어있다
목소리와 그 침묵의 뿌리
시간과 그 영겁의 뿌리
있음과 그 없음의 뿌리
서로 안에 담겨져 있다
음양이 서로 안에 담겨져 있듯
뱀의 머리가 제 꼬리 속으로 들어가듯
삶이 죽음을 삼켜버리는
죽음이 삶을 삼켜버리는…
빈 병을 들여다보는 두 눈 속으로
끝없이 소용돌이치는 시공이 보인다
꽃병에서 꽃을 꺼내 가는 손에
파란 불길이 인다

거울

나를 텅 빈 침묵의 공간이라고 사람들이 말하지만
실은 많은 소리들이 내 속에 살고 있어요
내 속의 형상들은 저마다 다른 소리로 나를 울려주어요
나는 당신의 꿈을 온 몸에 담고 싶어요
그 꿈도 떠다니는 원뿔모양 내 삶의 일부일 테니
내 속에 잠기는 삼라만상도 내 삶의 일부지요
내 속에 두 사람의 얼굴이 잠기면
그건 그 사람들이 같은 꿈에서 만나는 것이지요
생시에는 만난 일 없는 사람들을 나는 꿈 속에서 그리워해요
내가 내다보는 하늘은 영겁의 강이고요
내 속에서 찰나는 영겁을 닮아가지요
나는 눈꺼풀 없는 뜬 눈으로
영겁을 꿈꾸며 스스로 있는 존재에요

| 제2부 |

눈이 오네요

눈이 오네요, 어머니
눈이 하얗게 오네요

지난 봄
목련이 잠시 피었다 간
그 자리에
하얀 눈이 내려서 쌓이네요, 어머니
눈짓하듯 하얗게 쌓이네요, 어머니

풍경

찌르레기들은
이른 아침 풍경을
날개 끝에 날라온다
눈이 침침한 암소는
풍경을 새김질한다
이윽고 풍경은
우리 목에 아린 가락으로 떠난다
흩어지는 풍경은
사라지면서
제 변두리를 밝힌다

강

—시간·2

강은 우리 여행의 점괘를
낯선 파선의 얼굴로 보여준다

시간은
이 강바닥을 흘러내려
백골처럼 바랜 돌이 된다

초겨울

강아지 콧등에
싸늘한 초겨울 촉감

메타포

어느 깊디 깊은
우리 전설의 우물 속에 손을 넣어
퍼덕이는 시의 봉황을
하늘 높이 날려 보낼 수 있다면!

카메라 풍경

산사와 함께 흔들리는 풍경
사람의 마음에 길들여진 풍경
풍경을 한 겹 한 겹 잘라내는
카메라 셔터 소리
사람의 마음을 매혹하는 셔터 소리
풍덩 늪 속에 뛰어드는
풍뎅이 소리

밤중 어린애 울음소리

도리질 치며 도리질 치며
도리천까지 퍼져나갔다가
동이 트기 전에
엄마 품으로 돌아오는
밤중 어린애 울음소리

눈 오는 날 · 1

눈이 내린다
어느 상형문자의 형상을 하고
밤새 속삭이며 내린다

어느 가을
은행나무에서
내 존재의 심연 속으로 떨어졌던
그 많은 은행잎이
하늘로 하늘로
금빛 날개를 퍼덕이며
날아간다

은행잎들의 합창 소리에
나는 눈을 뜬다

매미

우리 애들이 옛날 다니던
초등학교 후문을 지나가는데
내 인기척 때문인지
나무에서 매미가 요란스레 운다

후끈거리는 가슴을 날개로 비벼서
서늘한 바람을 사방에 뿌려준다

그 옛날 어느 여름 계곡
가족 나들이 때
바로 그 바람이다

여객선

여객선은
느릿느릿
환상 속으로 흘러간다
고착된 중력에 못내 지쳐서
섬이 하나 자리를 옮기듯

젖을 먹으려고 다가오는
고래 새끼처럼
수로안내선이 하나
가까이 와서
잠시 여객선에 다가붙었다가
마지못해 떨어져 간다
섬을 바다 위에 그대로 두고서

우아한 몸맵시에도
상심한 여객선은
사랑과 버림 사이 경계를 넘어서
기억 속으로 서서히 항해해 간다

음악의 시공

내 시공을 메우고 있던 음악이 멎자
얼음이 깨지며
밑에 흐르던 겨울의 맑은 소리가 들려오듯
내 시공을 메우고 있던 시간이 멎자
얼음이 깨지며
그렇게 들려올까 영겁의 맑은 소리가

장님 걸인

장님 걸인이 차 칸에 들어서더니
흔히 그러듯 하모니카 같은 것을 불며
물건을 파는 게 아니고
녹음기에 새소리를 채집한 것을 틀면서
차 안을 지나갔다
혼잡 속에서도
까치, 뻐꾹새, 참새
여러 새소리가 분명히 들렸다
보통 걸인에게는 냉담하던 사람들
무엇엔가 감동한 눈치였다
새소리는 마치 펄펄 뛰는 금붕어 몇 마리를
손바닥에 얹어놓고 오는 것 같았다

무더위 시론

방이 온통 찜통이던 복더위 속
며칠씩 고장 났던 냉방기를
얼굴은 험상궂으나 마음씨 착한
수리공이 와서
확 틔워주었다

동서의 뭇 사람이 한 매듭씩
꼬아놓은 시론의 매듭을
확 틔어준 기분이었다

무더위와 시론에 시달린 당신
떠나라, 하는
기분이었다

전에 살던 동네

새 주소에 이사를 와서
전에 살던 곳의 뒷산을 바라보면
안개 낀 산수화를 닮았다
과거의 시공 속에 아득히 떠있는
산수화를 닮았다
그것만은 아니다
우리가 자주 오르지 못했던
등산길이나 약수터
무심하게 지나치던 사람들
아파트 창 밖에 살다가
장마철엔 어디로 떠나던
작은 새들의 목소리
봄까지 우리가 못내 기다리던
그 새들의 목소리
눈과 꼬리로 간절한 말을 하던 동네 강아지
지금쯤 잊었을 법한
그런 일들이

막연한 아픔이 되어
현재의 시공 속으로 저려 온다

말문이 풀려 나온다

겨우내 얼어붙은 강물이 풀려
그 속의 물고기가
뼈 속 까지도 들여다보이듯
그렇게 말문이 풀려 나온다
화석이 된 사람의 목소리가
시공 속에 풀려 나오듯

가을 · 1

가을은
그리움이 익는 계절
익어서 눈물처럼 맑아지는 계절

가을은
들소의 목에서
울음이 빚나오는 계절

가을은
영겁이 찰나 속에 비칠 듯한 계절

파키스탄 민요를 들으며

나의 가락이 마음껏 뻗어나가
이 시공의 굴레를 벗어나게 해다오
내 황홀은 그대가 가리킬 수 있는 그 어떤 곳도 아닌
허공에서 태어난다
내 곡조는 끝없이 달리면서
우주적 춤을 춘다

내 노래는 탁실라, 페샤와르, 길깃을 지나
옛 비단길을 따라가기도 하고
내 고장과 이방에서 온 번쩍이는 상품과 함께 춤추며
기뻐하는 가슴에서 가슴으로
통곡하는 마음에서 마음으로 옮겨간다

내 가락은 마부와 시인을 다 같이 깨우고
유목민과 농부의 가슴을 사로잡고
천적들도 다가오지 못하게 한다

나의 참 목적은 예술이 아니다

나의 참 목적은 그대의 가슴을 사로잡는 일도 아니다
다만 우리가 다 함께 손뼉을 쳐서
결합보다 더 깊은 교제를 이룩하고
우리를 피와 뼈에서 풀어주는 일이다
내 노래는 하늘을 쳐다보며
간절한 기도를 해온 사람들의
환상과 현실을 담기도 한다
내 노래는 사람의 영혼을 우주적 황홀로 끌어올리고
내 곡조는 시간과 무시간을 결합시킨다

한국 무용

1

밭갈이와 추수의 율동이여
살과 뼈와 넋의 음악이여
무당과 무사의 번쩍이는 칼날이여
한민족의 피 속에 흐르는 말발굽 소리여
그 환희와 비탄이여
한민족 집단의식의 강물에 흘러가는
신화와 전설과 염원의 영상들이여
모든 지나가는 것들을 밝혀주는 등불이여
찰나가 영원과 만나 추는 춤이여
사람이 하늘을 우러러 추는 춤이여

2

그대는 모든 사라지는 것을
쫓고 있음이여
그대의 귀는 왔다가 떠나는 것들을 듣고 있음이여
강물 위를 흘러가는 춤이여
춤과 같이 흘러가는 얼굴이여

산과 들과 하늘에
떨림으로 보내는 그대의 몸짓이여
기쁨과 아픔을 모두 던지는
연습을 함이여
북과 부채와 칼날을 모두 던짐이여
산과 들과 하늘에 던짐이여
살과 한을 푸는 것이여
풀어서 삼천대천세계로 보내는 것이여
그리운 것들을 버림이여
버린 것을 그리워함이여
그리운 것을 떨쳐버리듯
모든 것을 떨쳐버림이여
또한 가슴에 품는 것이여

청중이 없는 음악

내가 청중이 없는 음악을 연주함은
마치
들새가
청중이 없는 들판 위를
신명 나게 나는 것과 같다

| 제3부 |

풍경을 내다보며

시간의 창문으로 영원을 내다보듯
나는 창문으로 풍경을 내다보아요
풍경에 비치는 나의 모습은
알아보지 못할 낯선 사람이 되는군요
그 때문에 아마
풍경은 나의 존재를 종종 거부하는 것 같군요
내가 내다볼 때마다
풍경은 솟아올라 나의 눈을 대면하지요
그리하여 우리의 상면을 온전하게 하고
우리 시공 속의 유일한 사건으로 만들지요
그럴 때마다 풍경은 모습이 달라지지요
풍경의 눈에는 나도 그렇게 달라지겠지요
우리가 서로를 자꾸자꾸 바라본다면
늘 같은 표정을 지을 수도 있겠지요
아무튼 풍경은 모든 움직이는 것들을
제 시야 속에 담을 수 있다고 믿고 있을 거에요

실버들

꽃잎이 봄바람에 흔들릴 때면
실버들은 시냇물에 가지를 담그고
나는 내 꿈속에 눈을 담그지요

겨울 감나무

눈발이 날리는
초겨울 오후
감나무에 달려있는 저 감은
순수추상입니다
시야를 가리는
시공 밖으로 얼굴을 내밀고
우주를 명상하는
순수추상입니다
세상의 모든 소리에 귀먹은
순수추상입니다

영겁의 장미

인간 시공의 가지 끝에
빨간 장미꽃이 핀다
천사들의 눈에는
흔들리는 화염이었을
라이너 마리아 릴케의
목숨을 찔렀던
그 장미 가시가 솟아난다
뮈조 성은
눈먼 얼굴처럼
스위스 알프스 산을 응시하고 있다
그 꽃이 피는, 가시가 솟아나는 소리는
사람의 귀엔 들리지 않는다
서시인의 서정시 어딘가에 떨어졌을
그 핏방울
그가 가보려던 미조 성
천사들도 샘낸 시인 릴케의 순수
알몸을 우주에 던졌던
그의 깨달음을 샘낸 천사들

시간

시간은 보이지 않게
우리를 지나치지만
우리의 꿈속에선
고기비늘처럼 번쩍이지요
꿈속에서 우리의 한탄이
우주를 울리듯
시간의 상처는
우리 속에 울리지요

진공상태

우리 안에 어떤 진공상태가 있다
우리 존재 속에서
늘 무언가를 앗아간다
사람들은 그게 바로
존재 속에 도사리고 있는
미망, 무상 또는 그리움이라고 한다
우리는
축제로, 칠현금 가락으로
심오한 명상으로
시로, 편지로
또는 향연으로
그 공백을 메우려고 한다
그러나 그 공백은 결코 채워지지 않는다

문구점 주인 부부

십 여 년 전에 살던 동네
문구점 주인 부부가 몹시 닮았다
사람은 오래 쳐다보면
서로 닮아가나 보다
옛날엔 남편은 능글능글하고
부인은 혼자서 웃는 버릇이 있었는데
요즘 보니
남편은 혼자서 웃고
부인은 능글능글하다

사진 영상

—Sebastiao Salgado 환경사진작가 사진전에서

당신의 상처받은 카메라 눈은
우리를 경악시켜
딜레마 속 우리 모습을
우리 모습 속 딜레마를 보게 한다
당신의 영상은 우리를 일깨워
사바와 열반의 흔들리는 모습을 힐끗 보게 한다
당신의 영상은 비전과 환상을 화해시킨다
환상은 때로 비전을 닮고 비전은 환상을 닮는다
고통과 번뇌는 시간과 영겁을 관통하여 흐른다
당신의 작업은 지금 여기, 그때 거기를 관통하여 흐르는
고통과 희망의 음악을 갈망한다
사람의 즐거움은 고통을 다 끄지 못한다
당신의 예술은 인간 희망과 번뇌의 작열하는 모래 속에서
타고 있다
당신의 예술은 인간의 고통과 절망의
위엄과 잔인 사이에 고뇌하고 있다
당신의 사진은 열렬한 항의, 행동이고
기도이고 보시이다

인간의 희망과 절망의 꺼질듯한 촛불은
결국 사람을 행동으로 몰고 갈 것이다
영상은 인간의 여정을 바꿔놓을 것이다

고요 그 셋

고요를 흔들어 놓는
청어 빛 바람
우리를 귀 멀게 하는
고요의 바닥에서 끌어올린
이 청어 빛 바람

무궁화

무궁화야 무궁화야
우리의 무궁화야
우리 목숨의 강물에
색동 꽃등을 띄워주는
우리의 무궁화야
우리의 얼굴이
우리의 목소리가
어른거리는
우리의 무궁화야
간절히 부르면
하얗게 웃어주는
우리의 무궁화야

당신의 부재

나는 당신의 부재에 눈멀고
당신의 침묵에 귀멀었습니다
당신의 부재는
하염없는 내 시공을
가뭄에 타는 목마름으로 채우고
당신의 침묵은
하염없는 내 시공을
눈이 먼, 귀가 먼
그리움으로 채웁니다
나는 당신의 부재에 눈멀고
당신의 침묵에 귀멀었습니다

꿈

심해어가 바다를 떠나는 꿈을 꾸듯
사람이 시공을 떠나는 꿈을 꾸듯
돌과 나무는
강물을 떠나는 꿈을 꿉니다

달빛이 강물에 충만한 밤이면
돌과 나무는
서로의 엑스레이 사진을 꿈꿉니다

시애틀 교외의 까마귀

이른 새벽 시애틀 교외의 숲 속에서 우는
까마귀들의 목소리는
의젓하고 위엄 있게 들렸다
미국 시인 월러스 스티븐의
"까마귀를 보는 열세 가지 방법"이라는 시가 생각났다
어느 날 점심시간에 시내를 산책하면서
까마귀가 두 마리 전선주에 앉아 있는 것을 보았다
젖은 날개털을 말리는 그 모습이
처량하기까지 하였다
까마귀는 나의 시야를 쪼고 있었다
까마귀를 보는 방법이
그것 말고도 더 있는 것을 알만 하다

바닷가에 서면

바닷가에 서면
사람은 무엇을 얼마나 얻는 것이냐
무엇을 얼마나 잃는 것이냐
갈매기가 파도 위에서 몸부림치는
바닷가에 서면
사람은
무엇을 얼마나 보는 것이냐
무엇을 얼마나 못 보는 것이냐
사람은 어떤 경계선에
서 있는 것이냐

사라반드

느린 3박자의 스페인 춤이여
우리의 사랑처럼 구슬픈 춤이여
이젠 아주 잊혀진 까마득한 축제의
아직도 살아남은 가락이여
무명으로
얼굴을 가리고 추는
사라반드 춤이여

인도 바라나시

내가 거기 있는 동안
바라나시는 등을 돌리고
딴전을 피웠던 것을
서울에 와서야 깨달았다
내가 몇 년이나 골똘해온 화두를
바라나시는 아랑곳하지 않았다
생사의 의미에 집착한
화두였기에 그랬을까
내가 서울에 돌아온 다음에야
바라나시는 얼굴을 반쯤 돌리고
파란 서슬이 돋는 눈길을
내 쪽으로 보내고 있다

묘유

찻잔을 들고
강 건너 고속도로를 보고 있으면
지나가는 차들이 없다, 없다 한다
뒤따르는 차들은 있다, 있다 한다
그 뒤의 차들은 있고도 없다 한다
찻잔을 든 내 원시의 손을 보며
나는 머리를 끄덕인다

강이 바다였다면
아주 다른 가락으로
나를 울렸을 것이다

시론 · 9

사물들을 시원의 꿈에서 깨우는 사람의 목소리
이글거리는 거미의 눈이 노려보는 거미줄의 축제
어둠을 더듬는 손가락에 잡히는 날개의 퍼덕임
듣는 이 없는 벌판에서 소년이 외치는 사람의 이름
배 떠난 항구에서 아이들이 부르는 합창
민족어의 상처들을 내 말 속에 새겨 넣는 일
한밤중 십 리 길 이웃 마을에 호롱불을 놓고 오는 일
밤새 정성 드린 물 사발에 담긴 오색 심해어
그리움의 그물에 번득이는 바닷물고기
밤하늘에 울려 퍼지는 우리 꿈의 홀로그램
한 사람의 목청에 떨리는 우주의 진동
집단무의식의 강물에 떠내려오는 이름 모를 형상
침묵의 바위 틈에서 울려 나오는 순금의 빗살무늬

| 제4부 |

신화

신화는 미래의 원형질인가?
우리 우주의 만화경인가?
과거를 돌아보는
우리의 눈길과
미래를 내다보는
우리의 점괘가
서로 메아리치고 있음이여!
우리 꿈 속에
활을 쏘는 우리 조상들이 보이고
샤만의 주문이 들려오듯
우리가 사는 강촌에
천마와 황금 알이 날아오고
그 성스런 빛이 내려 쪼여
우리 목숨의 신비가 짙어 짐이여!

관동6경

1
동강 따라 수백 리
파랗게 서린 김 삿갓의 한
내 허파에 써늘한 그늘 지네
내 마음에 써늘한 바람 부네

2
오늘 김 삿갓 묘에서
곡하는 사람들
스무 나무 아래 쉰 밥 주던
사람들의 몇 대 후손

3.
백학이 청산을 넘어
해는 지는데
저승길은 보이지 않고
귓전엔 낯선 마을 통곡 소리 울리네
〉

4

소식 끊겼던 뗏목 사공이 고향 찾아 오니

애오라지 낭자는 동상이 되어 있네

강물에 눈이 아주 멀어 있네

5

몰운대의 죽은 소나무

살았을 적 몸짓 그대로 하네

더러는 보이고

더러는 안 보이는

그때 그 몸짓 그대로 하네

6

서울 지하철 한나절 혼잡 속

잠결에 푸드득 동강의 붉은 송사리

우주여행

밤마다 나는
이 땅을 떠나서
우주의 하염없는 변두리로
여행을 떠난다
주먹만한 블랙홀이
우주를 삼켜버린다는
그 변두리로 여행을 떠난다
나는
번쩍이는 한 자락 바람에 지나지 않는다
나는
인드라 신의 그물에 걸려 퍼덕이는
한 마리 나비에 지나지 않는다
이윽고
끝내 땅을 떠나지 못하는
내 몸으로 돌아온다
내 아내의 숨소리도 들리는
내 방으로 돌아온다
내 마음은 내 몸에게 미안하다

그러나 또한
내 휘황한 우주여행이
내 몸이 연출하는
조화임을 알게 된다
내 마음 또한
내 몸을 떠날 수 없음을
깨닫게 된다

어린이들의 슬픔

어린이들은 어른들이 못 보는 것을 보지요
전설 색깔의 하늘 같은 것
그림 퍼즐 속에 숨어있는 동물 같은 것
거인의 얼굴, 그 긴 그림자 같은 것
마구 다가오는 그림자 같은 것
궤짝 속에 포근히 앉아 있는 강아지 같은 것
어른에게 들리지 않는 소리도
어린이들에겐 들릴 때가 있어요
전설 색깔을 띈 풍경 같은 것
종소리 속에 들리는 어린애 목소리 같은 것
어른들이 모르는 슬픔이 어린이들에게 있어요
어른들이 모르는 기쁨이 어린이들에게 있어요
사물의 얼굴과 표정과 소리 가운데
어린이들만이 보고 듣는 것이 있어요
들소나 나귀나 종달새의 말
엉겅퀴나 나팔꽃의 눈짓 같은 것이 있어요
우리는 모르는 무엇이 있어요

어린이들은 어른들의 마음을 깊숙이 보아요
어른들의 기쁨과 슬픔의 속내를 알고 있어요

사진론 · 2

시금 바람을 감싸고 있는 풍차나
머지않아 밀려올 파도나
원무를 가다듬는 가족의 몸짓--
모두 평면에 멈춰 있으나
사진의 구도는
그 벅찬 원동력을
묵묵히 지탱하고 있음이여!

화가 달리 · 1

초현실파 달리의 애인 갈라가 불평조로 말한다
엠뽀르다의 풍경 뒤에는
그 중세의 바다가 늘 도사리고 있다고 한다
자기 침실의 커튼 뒤에도
눈 먼 나르시스가 기대고 있는 벽돌 벽 뒤에도
돈키호테가 창을 들고 달려오는 언덕 너머에도
중세의 난파선이 늘 하마처럼
얼굴을 반쯤 물 위에 내놓고 숨쉬는
그 바다가 도사리고 있다고 투덜거린다
그 바다는 달리에게 실어증을 가져오고
모든 새들은 시조새의 알을 품게 될 거라고 말한다

화가 달리 · 2

화석이 된 새의 자궁 속에서 자라는
살쾡이는 달을 하나 배 속에 품고 있다
그 달은
화석의 새 위에 떠있는 그 달과
팽팽히 맞서고 있다
새 속에서 나오게 되면 살쾡이는
새를 잡아먹을 것이라고 누가 외친다
달리는 그건 그렇지 않다고
머리를 젓는다
이윽고 살쾡이는 새의 자궁에서 나와
새를 물어뜯는다
하늘에 떠 있던 달은
산산이 부서져 땅에 떨어진다

화가 달리 · 3

애인 갈라가
바다에서 걸어 나오는 달리를 향하여
손을 흔든다
손에 창을 든 달리는 돈키호테의 무장을 하고 있다
달리는 스페인의 모든 시계는 멎어버렸다고 부르짖는다
스페인에 이미 존재하는 시계와
앞으로 태어날 시계가 모두 멎었다고 한다
시계들이 모든 시간을 말살할 음모를 하고 있다고 한다
애인 갈라가 강물에 손을 넣어
축 늘어진 시계 하나를 달리에게 주면서
당신이야 말로 진짜 돈키호테라고 말한다

화가 달리 · 5

초현실파 달리가
중세의 해변에서 말을 탄다
말에 오르다가 도로 내린다
말을 탈 때마다 말이 달라진다고 한다
말을 탈 때 마다 말의 형상이 바뀐다고 한다
그 때 마다 바다의 색깔이 달라진다고 한다

얼굴 · 5

우리는 오랫동안
서로를 응시하였습니다
우리 가슴 속 불길로
서로의 얼굴을 밝히면서
우리의 눈길로
서로의 얼굴을 그렸습니다
사람을 늘 따라다니는
이름 모를 그리움을
오래 응시하면서
서로를 닮아갔습니다

얼굴 · 7

인사동에 내가 오면
너는 인사동에 없다
내가 골목을 들어서면
너의 모습은
골목 저편 끝에서 사라진다
그러나 너의 얼굴은
인사동에서 만나는
뭇 사람의 얼굴 속에
언뜻 언뜻 비친다
너의 얼굴은 온통 흔들린다
너의 얼굴은
세상을 내다보는
나의 창문이다

얼굴 · 15

창문 밖 난간에
비둘기가 한 마리 앉아 있다
얼굴을 자세히 보려고 다가선 나를
힐끔 훔쳐보고는
무거운 몸짓으로 날아간다
마로니에 공원 같은 곳에서 보는
얼굴이 작은 비둘기와는 달리
눈이 유달리 크다
툭 튀어 나온 눈이
골동품 가게에서 본 적갈색 보석을 닮았다
불길이 흔들리는 색깔이다
그의 눈길이
섬뜩한 낯섦을 뿌리고 간다
시인은 신이 보낸 스파이라고 누가 말했다는데
너는 누가 보낸 스파이냐?

황진이 · 1

이 세상에 올 때
저 세상에 두고 온 님의 모습을
이 세상의 목소리나 은유로서는
도저히 그려낼 도리가 없는 그 모습을
황진이는 끝내 버리지 못하고
팔도강산을 헤맸겠지만
아무리 헤매어도
아무리 불러보아도
이 세상의 목소리나 은유로는
도저히 잡을 수 없는
그 모습을 찾아서
황진이는 속절없이 헤맸겠지만
황진이의 옷고름을 만져주는 님들은
하나같이
저 세상에 두고 온 정든 모습의 은유일 뿐
강물 위에 어리는 달빛 같은 그림자에
지나지 않는 것을

황진이는 그 아스라한 은유에

많은 밤을 통곡으로 드샜다지요

황진이의 말 · 1

이 여울을 건너면
아! 이 여울을 건너면
트여오리라
나를 늘 절망의 늪 속으로 몰아넣던 찰나들은
너무나 하염없던 너무나 쉽게 부서지던
찰나들은 영겁으로 트여 오리라
수많은 숨 막히는 강들이 바다로 트여가듯
캄캄한 찰나들은 트여 오리라
내 피의 절반을 차지하는 서러움은
하늬바람처럼 풀려 나오리라
즈믄 가슴 속에서 풀려 나오리라
아무도 돌아오지 않는 캄캄한 길을
혈혈단신 나는 떠나리라
이 여울을 건너면
아! 이 여울을 건너면
한의 매듭은 풀리고
서러움의 면사포는 길게 찢어지리라
이승의 서러움은

맑은 강 물고기처럼
맑게 맑게 빛나리라
나는 하염없이 와서 하염없이 떠나리라

황진이의 말 · 2

이제 어느 마을에도
내 이름을 부르는 사람이 없고
어느 거울 속에도
내 얼굴은 비치지 않겠지요
그러나 서러움의 안개가 걷히기만 하면
즈믄 거울 속에 황진이의 얼굴이 빛나고
즈믄 사랑방에 황진이의 이름이 울릴 거에요
그 뒤풀이로
나는 살과 뼈를 버릴 수 있을 거에요
내 눈과 귀와 목소리를 버릴 수 있을 거에요

가을 소경 · 1

내 마음 어딘가
크롬빛 줄을 하나 긋는
가을의 숨결
그 어질고 큰 눈 가득
석양을 담은
암소 한 마리
필생의 침묵 속에
풍경을 되새기고 있다

가을 소경 · 2

구내식당 앞자리
등치 큰 젊은 남자가
입 속의 혀와
두 눈알을 뱅글뱅글 돌린다
고기를 먹으면
미쳐버린다는 소처럼
순하디 순한 얼굴이다
마음은 떠오르나
몸은 뜨지 않는다고 투덜거린다
밖에 나오니
가을 하늘 아래
핸드폰을 만지작거리는
사람이 여럿이다

가을 소경 · 3

—강아지 자니를 생각하며

찰나와 찰나 사이가
사부랑 하다
정선아리랑 구슬픈 가락도
드나들 틈새다
삼매에 든 나의 오후에
6년 전 저 세상으로 간
강아지 자니가
내 옷소매에 한 발을 올려놓고 졸고 있다
이승과 저승이
맞닿을듯 아물거린다
파도가 해변 모래를 다스리듯
영겁이 시공을 다스리듯

강아지 자니에게 · 1

바흐의 첼로조곡을 들으며
편히 자고 있는 자니야
너의 귀에 흘러 들어가는 그 음악은
내 귀에는 들리지도 않는 우주의 음악과
어떻게 다를 것인가?
너의 분별력에 비치는 풍경
나의 무명에 비치는 우주
너의 잠을 포근하게 하는 시간의 흐름
나의 얼굴을 황폐하게 하는 시간의 흐름
이 음악은 지금 너의 꿈속에서
몇 년 전 아디스아바바의 바람 속에
네가 잃어버린 네 새끼들이 되어
들판을 뛰어가고 있을까?

강아지 자니에게 · 2

6년 전에 저 세상으로 간 강아지 자니가
나를 쳐다보고 있구나
나뭇잎이 바람에 날리는 낯선 골목 안에서
낯선 강아지의 눈으로 나를 쳐다보고 있구나
아는듯 모르는듯
나를 쳐다보고 있구나

|해설|

우주적 상상의 테셀레이션!

—고창수 시세계

손현숙 | 시인

생의 진실이나 존재에 대한 이해는 육안과 뇌안의 감각만으로는 불가능하다. 적어도 심안과 영안을 열어두었을 때 가능한 결실이다. 또한 오래 길 위를 걸었던 예술가만이 획득할 수 있는 특권이기도 한다. 그것은 분명히 삶의 태도와도 관계가 있는데, 이를테면 낮과 밤의 경계에서 푸른 늑대가 돌아오는 경계의 시간을 사색하는 일과도 연관이 있다. 무심하게 지나가는 지상의 시간을 우주의 시간과 연결하면서 찰나와 영겁을 한 프레임 속에 녹여내는 작업. 혹은 생명이 태어나는 순간에 이미 죽음이 시작되고 있음을 간파하는 일일 것이다. 소란스럽지 않게, 유유자적하면서도

의식의 흐름에 몸을 맞기면서 햇빛과 정면으로 마주 서는 일. 죽음 쪽으로 매일 한 걸음씩 걸음을 떼면서도 환하고 밝은 미소를 촘촘하게 몸속에 각인시키는 각고의 노력. 삶과 죽음을 쪽매 맞춤하듯 아름답게 이어 붙이면서 고매하게 그려내는 우주적 상상의 테셀레이션! 그렇게 고창수 선생님(이하 고창수 선생)은 초현실주의적 기법을 사용하여 오래도록 시작詩作에 몰두했던 시인이다. 선생은 그의 초기 시부터 지금까지 시각 심상과 청각 심상의 감각에 몰입하면서 시간이라는 화두를 존재에 투영시켰던 사색의 예술가이다. 그것은 있음과 없음에 대한 투철한 사색이면서 존재에 대한 각별한 애정으로 표출이 되기도 한다. 시인이면서 외교관이기도 한 선생은 영어의 어법과 한글의 어법이 어긋나거나 미끄러지는 지점에서도 테셀레이션 하듯 문양을 엮어서 하나의 문장을 단단하게 매듭짓는다. 그것 또한 우주적 상상력의 한 파편으로 이번 시집을 관통하는 맥락이기도 하다. 피면 지는 꽃처럼 무위 하게 왔다가 흔적 없이 사라지는 것들에 대한 조건 없는 사랑. 선생은 단 한 번도 위악적으로 악을 뒤진 적은 없지만, 선을 이야기하면서 돌아다보게 되는 힘의 일부처럼 인간 본연의 모습들에 특별히 관심을 갖는다. 그렇다면 선생은 이번 생에서 무엇을 본 것일까. 무엇에 매료되어서 오랜 시간 업보처럼 시에 목을 매는 것일까. 그런 물음에서 이번 시집의 독해는 시작된다. 느리게 걷고

힌 곳을 응시하면서 시간을 사색하는 시인의 문장은 독하지 않아서 오히려 악력이 세다. 사색하는 신의 머릿속 같은 선생의 시편들은 읽어가면서 뭐랄까…, 웅혼한 우주의 정중앙을 간파하는 느낌이랄까. 두려움을 살짝 뒤로 감춘 채, 선생의 시편들을 모두 3부로 나누어서 읽었다. 있음과 없음에 대한 존재론적인 사색과, 시간과 우주에 대한 인과를 주제별로 나누어서 소박한 사랑의 발짝을 떼어보았다.

1. 있음과 없음의 존재

겨우내 얼어붙은 강물이 풀려
그 속의 물고기가
뼈 속 까지도 들여다보이듯
그렇게 말문이 풀려 나온다
화석이 된 사람의 목소리가
시공 속에 풀려 나오듯

—「말문이 풀려서」 전문

화자가 발견한 사실은 겨우내 얼었던 강물이 풀렸다는 현상이다. 강물이 풀려서 얼음 속의 생물들이 살아나는 것은 누구나 감지할 수 있는 사실이다. 그러나 화자가 본 것은 사실과는 전혀 다른 또 다른 발견이다. 화자의 눈에 비친 물고기의 살아남은 사라졌던 생명이 돌아온 것과 동시에

막혔던 말문이 풀어진 것으로 인식이 된다. 자연스럽게 물고기는 다시 사람으로 치환이 된다. 겨우내 얼었던 동토의 땅에서 얼어붙었던 물고기, 즉 사람은 강물이 풀리자 우주적 현상으로 자유, 즉 언어를 되찾게 된다. 이것은 강물이 풀리는 대자연의 흐름 속에서 없음에서 있음으로 변주를 하는 존재론적 은유를 6행의 시 속에서 풀어내고 있다. 시 속의 화자가 관심을 갖는 "화석이 된 사람의 목소리가/시공 속에 풀려 나오듯"의 발화는 "말문이 풀려"를 수식하는 가장 중요한 단서가 된다. 얼었던 강물이 풀려 "뼈 속까지 들여다 보이"는 자유란 결국 말문을 푸는 방법이다. 위의 시에서 발화하는 말은 영혼을 표현할 수 있는 인간의 영역으로, 없음에서 있음으로 시공을 넘나드는 초월적 존재로 표상이 된다.

바퀴를 잃고
호수를 건너간 마차에는
몇 사람이 타서
몇 개의 바퀴를 보았는가?
말은 하늘로 가고
마차는 산 너머 사라지고
바퀴는 허공을 떠돈다면
마차와 바퀴와 말은 모두 몇인가?
몇은 있는 것이고

몇은 없는 것인가?

—「마차와 바퀴」 전문

표제 시로 쓰인 「마차와 바퀴」는 세 개의 의문문으로 독자의 호기심을 배가 시킨다. 화자의 의중이나 심상은 뒤로 감춘 채 독자에게 질문을 던지는 위의 시는 읽는 방법에 따라 답을 얻는 방법 또한 여럿이다. 간단하게 질문에 초점을 맞추는 형식이라면 현상적 세계 안에서 답은 명징할 것이다. 그러나 이미지를 상징화해서 읽게 되면 그렇게 간단하게 답을 낼 수 없는 미궁에 빠지게 된다. 자, 시를 좀 더 자세히 뜯어 읽어보도록 하자. 앞 뒤 전 후 사정이나 정보를 제공하지 않은 채 화자는 "호수를 건너간 마차에는/몇 사람이 타서/몇 개의 바퀴를 보았는가?"라는 질문을 던진다. 간단한 문장만을 놓고 보았을 때 그것은 상상 속에서 어떤 답도 가능한 질문이다. 즉 화자는 일단 오답이 없는 질문을 독자에게 풀어놓는다. 그러나 다음 문장으로 넘어가면 상황은 그리 간단하지가 않다. "말은 하늘로 가고/마차는 산 너머 사라지고/바퀴는 허공을 떠돈다면"의 문장은 겉으로 표출된 정황으로 보아서는 느닷없는 사고를 직감하게 된다. 자, 장면을 정리해 보자. 말이 이끄는 마차를 타고 누군가 호수를 건너가다 사고를 당한 모양이다. 이렇게 장면을 묘사하는 것으로 시는 끝을 맺어도 무방했을 것이다. 그러나 화자는 다시 질문을 한다. “모두 몇?”이라는 화자의 물음은 사실상의 숫자를 명징하게 요구하는 질문이 아닐지도 모른다. 그 다음 문장으로 발화된 “몇은 있는 것이고/몇은 없는 것인가?”의 집요한 질문은 결국 있음과 없음의 존재론적 질문에 더 가까이 닿아있다. 위의 시에서 농담처럼 혹은 우화처럼 언표가 된 “호수”와 “사람”과 “말”과 “바퀴”와 “하늘”의 상징발화는 간단하게는 사람의 살림살이를 표명한 것이고, 좀 더 보폭을 크게 하여 파고 들어가면 우주의 빅뱅을 상징 발화한 것으로 읽어야 한다. 화자는 질문한다. 이번 생에서 만나게 된 당신의 마차와 바퀴는 몇인가? 그리고 여기서 안전한가?

한강을 바라보며
북한산을 생각하면
나는 알 듯도 하다
북한산과 한강이
어떤 기를 내뿜으며
서로를 끌어당기는 지를
가끔 와불 같이도 보인다는
북한산 아래 사는 사람들이 더러
먼 바다도 그리워하고
도심의 포장마차도 그리면서
서로의 미망을 달래기도 한다는데
나는 알 듯도 하다

과연 산은 산이고
물은 물인지
강이 흘러가는 시공이라면
산은 흔들리는 영겁인지
나는 알 듯도 하다
초생 달 뜬 깊은 밤엔
한강이
북한산을 품고 있는지
나는 알 듯도 하다

—「북한산을 그리며」 전문

원래 강과 산은 한 자리에 함께 공존할 수 없는 존재의 표상이다. 강이 깊어지면 산은 시야에서 더 멀어지는 법이고, 산이 높아지면 강은 물살이 더욱 더 세차게 굽이치면서 제 갈 길로 가야하는 것이 산과 강의 운명이다. 화자는 지금 "한강을 바라보며/북한산을 생각"하는 중이다. 한강을 바라보면서 북한강을 생각한다는 발상도 테셀레이션의 기법처럼 쪽매맞춤을 하고 있지만, 더더욱 신기한 발화는 "나는 알 듯도 하다"라는 확실한 의식의 표명이다. 화자가 알 듯도 하다는 것은 "서로를 끌어 당기"는 자연의 순환을 이야기하는 것이다. 지금 화자가 사색하는 강이나 산에 대한 존재의 이해는 정말로 따로따로 산과 강으로 존재하여 단독적으로 생을 영위하고 있는가, 라는 질문이다. 위의 시에서 화자는 계속 "알 듯도 하다"를 언표 한다. 지금 화자가 사색을 하면서 위치한 자리는 한강이지만, 그리움의 대상은 엉뚱하게도 북한산이다. 이것은 시공을 초월한 초월자의 시선일 터. "강이 흘러가는 시공이라면/산은 흔들리는 영겁인지"에 대한 인유는 눈앞에 극명하게 보이는 한강과 보이지 않는 북한산에 대한 우주론적인 시선이다. 그것은 한강과 북한산을 따로 떼어서 볼 수 없다는 있음과 없음의 지극히 존재론적인 물음에 대한 답이다. 또한 산은 산이고 강은 강이라는 단순진리나 현상학적으로 사물을 보지 않겠다는 깨달음에 대한 시의 발현이다.

찰나가 영원과 만나 추는 춤이여
사람이 하늘을 우러러 추는 춤이여

—「한국 무용」 부분

찻잔을 들고
강 건너 고속도로를 보고 있으면
지나가는 차들이 없다, 없다 한다
뒤따르는 차들은 있다, 있다 한다
그 뒤의 차들은 있고도 없다 한다

—「묘유」 부분

몰운대의 죽은 소나무
살았을 적 몸짓 그대로 하네

더러는 보이고
더러는 안 보이는
그때 그 몸짓 그대로 하네

—「관동 6경」 부분

위에 표상된 세 편의 시는 모두 있음과 없음에 대한 찰나적인 의식의 표명이다. 찰나는 영원과 만나질 수 있을까. 화자는 만나지는 것이 당연한 우주의 섭리라고 시 속에서 암시한다. 화자가 바라본 한국무용의 춤사위는 "사람이 하늘을 우러"르는 춤이고 "찰나가 영원과 만나"지는 춤인 것이다. 왜냐하면 시각 심상으로 바라본 화자의 있음과 없음의 세상 안에서는 사람과 하늘 또한 하나의 몸이거나, 커다란 우주의 움직임 속에서의 작은 변화로 감지되기 때문이다. 두 번째 시에서 표출되는 자동차의 있음과 없음 또한 화자의 시선 속으로 들어오는 영원과 찰나의 한 프레임이었음을 증거 한다. 그것은 고속도로 위의 자동차들도 삽시에 나타났다가 사라지는 일반적인 존재들로 있음과 없음을 한 몸에 함께 담고 있는 존재들로 의식을 드러낸다. 그것은 화자의 자유연상적용으로 우주론적인 있음과 없음의 존재에 대한 사색을 은유한다. 세 번째 시에서 발화하는 몰운대의 죽은 나무는 벼랑 끝에 서있는 벼락나무를 상징 발화한 것이다. 벼락나무는 지금 죽어서 "살았을 적 몸짓 그대로 하"고 있는 모습이지만, 화자의 시선 속에서 죽은 나무는 여전히 그 자리를 지키고 있는 존재로 인식이 된다. 그렇다면 화자의 시선 속에서 죽음이란 사라지는 것일까. 아니면 죽음의 몸을 빌려와서 여전히 삶과 함께 존재하는 것일까. 화자가 감지하는 실존적 존재의 모습이란, 있음과 없음이 한통속으로 테셀레이션 되면서 "더러는 보이고/더러는 안 보이는" 다만 거기 있어서 존재하는 허공법문 같은 모습으로 감지 될 뿐이다.

> 내 시공을 메우고 있던 음악이 멎자
> 얼음이 깨지며
> 밑에 흐르던 겨울의 맑은 소리가 들려오듯
> 내 시공을 메우고 있던 시간이 멎자
> 얼음이 깨지며
> 그렇게 들려올까 영겁의 맑은 소리가
>
> —「음악의 시공」 전문

우리는 가끔 경험한다. 소리가 멎자 그때부터 소리가 들리기 시작했던 이상한 경험들. 음악회에서 작은 움직임과 함께 소음이 멎자 그때부터 음악이 들리는 것처럼, 소리가 소리를 삼키면서 새로운 소리 속으로 몸이 들리는 상황. 그렇다면 소리는 거기 있었던가! 혹은 없었던가. 화자는 공시성이 깨지면서 통시성을 불러오는 우주적인 변환에 대해 질문한다. 화자는 "음악이 멎자/어름이 깨지며" 들려오는 "겨울의 맑은 소리"를 온몸으로 각인한다. 절대 침묵 속에서 건너오는 계절의 변화를 음악과 얼음으로 환유하면서 시인 화자는 이 모든 것들이 시공을 초월하는 영겁의 시간으로 치환시킨다. 이것은 결국 여기의 없음은 거기의 있음이고, 거기의 없음은 여기의 있음을 음악을 매개로 확산 발화 한다.

2. 시간

찰나와 찰나 사이에
쐐기를 박는 연습을 한다
사람에게 한 숨 여유도 주지 않는
빽빽이 이어진 찰나들의 행진
음식을 입에 넣으면
서로 다투어 끌어당기는
혀, 목구멍, 식도의 끈질긴 운동 같은
하지만 필요할 땐
빙산의 크레바스처럼 벌어져
사람의 목숨쯤은 단숨에 삼키기도 하고
영겁의 번갯불을 잠시 보여주기도 하는
찰나와 찰나 사이의 간격

찰나와 찰나 사이에
쐐기를 박고

내 번뇌나 거드름
또는 세상 실경을 한동안 끼워 넣는
그런 연습을 한다

—「찰나」 전문

고창수 선생의 시에 나타난 시간의식은 죽음이라는 궁극의 목적에 삶의 인식을 덧대어서 파악한다. 예를 들면 선생의 시에서 실존적 주체가 감각하는 죽음의식이란 조만간 다가올 미래이자, 이미 지나간 과거의 시간의식과도 깊은 연관이 있다. 그러니까 선생의 죽음의식이란, 죽음을 감지하는 여러 가지 방법과도 긴밀하게 관련을 맺고 있는 것이다. 다시 말해서 선생에게 죽음이란, 과거와 현재와 미래를 하나의 동시적 시간현상으로 파악하기도 하고, 순간에 일어난 현상을 죽음과 연관하여 시간의 찰나를 의식하는 행위이기도 하다. 위의 시에서 화자는 찰나에 죽음이 오기도 하고, 그 죽음은 "빙산의 크레바스처럼 벌어져" 느닷없이 삶을 집어삼키는 무서운 존재로도 등극을 한다. 그러나 화자가 죽음을 바라보는 태도는 그 앞에 굴종하거나 읍소를 하는 것이 아니라, "내 번뇌나 거드름/또는 세상 실경을 한동안 끼워 넣는/그런 연습"을 해야 하는 우주의 간단한 섭리일 뿐이다. 위의 시에서 화자가 감지하는 시간의식, 즉 찰나는 사람의 목숨이 삽시에 사라지는 순간이기도 하겠지만 그 반대로 "영겁의 번갯불을 잠시 보여주기도 하는" 영원의 시간이기도 하다. 그 찰나와 찰나 사이에서 화자는 우주의 난간을 여유롭게 거닐듯이 그저 산책자의 시선으로 "세상 실경을 한동안 끼워 넣는" 연습을 하겠다는 밝고도 힘찬 범 우주론적 발화를 한다

시간은 보이지 않게
우리를 지나치지만
우리의 꿈속에선
고기비늘처럼 번쩍이지요
꿈속에서 우리의 한탄이
우주를 울리듯
시간의 상처는
우리 속에 울리지요

—「시간」 전문

위의 시에서 시 속의 주체가 바라보는 시간의 의미는 생과 사를 넘나드는 실존적 존재로 표상된다. 그것은 "우리의 꿈속에선/고기비늘처럼 번쩍"이는 행동하는 존재이고, "꿈속에서 우리의 한탄이/우주를 울리"는 상대성의 원리를 동반하는 움직이는 존재이다. 시간을 정의하는 방법은 대략 세 가지로 정리가 된다. 하나는 과학의 차원이고, 하나는 종교의 차원이고 나머지 하나는 철학의 차원이다. 그 세 가지 중에 고창수 선생의 시간은 단연 철학적인 부분에 기

울어져 있다. 그것도 커다란 우주의 시간 속에서 인식되는 지금, 여기의 시간이란 찰나에 지나지 않음을 시속의 주체는 생생하게 표명한다.

시간은
이 강바닥을 흘러내려
백골처럼 바랜 돌이 된다

—「강—시간·2」 부분

우리 애들이 옛날 다니던
초등학교 후문을 지나가는데
내 인기척 때문인지
나무에서 매미가 요란히 운다

〈중략〉

그 옛날 어느 여름 계곡
가족 나들이 때
바로 그 바람이다

—「매미」 부분

가을은
영겁이 찰나 속에 비칠 듯한 계절

—「가을·1」 부분

시간은 변화가 없으면 도무지 지각될 수 없는 현상이다. 위의 네 편의 시는 모두 화자가 지각하는 과거와 현재를 관통하는 시간의 의미들이다. 일반적으로 시간은 흘러가는 것으로 인식이 되어왔다. 화자 역시도 시간은 흘러서 현상적인 것들을 변화시키는 것으로 인식한다. 그리고 그 변화 속에서 가장 크게 작용하는 것은 다름 아닌 자연의 움직임이다. 화자는 자연의 순환적 움직임을 시간으로 치환하여 현실 속에서 형상화하는데, 모두 인간이 자연의 엄정난 위력 앞에 미치지 못함을 고백한다.

3. 우주

시인은 타고난 시력으로
우주의 실체를
그려내는 사람

—「시인」 부분

나의 가락이 마음껏 뻗어나가
이 시공의 굴레를 벗어나게 해다오
내 황홀은 그대가 가리킬 수 있는 그 어떤 곳도 아닌
허공에서 태어난다
내 곡조는 끝없이 달리면서

우주적 춤을 춘다

—「파키스탄 민요를 들으며」 부분

신화는 미래의 원형질인가?
우리 우주의 만화경인가?

—「신화」 부분

어쩌면 화자가 감지하는 우주는 우리가 알고 있는 무한 공간의 개념이 아닐지도 모른다. 그곳은 시간과 공간이 한데 어우러져서 늙지도 흐르지도, 썩지도 넘치지도 않는 구체적인 유토피아의 개념일 수도 있다. 봐라, 화자가 정의하는 시인이란 "우주의 실체를/그려내는 사람"이고 "타고난 시력"을 갖고 있는 존재로 정의가 된다. 이것을 거꾸로 뒤집어서 이해를 하면 시인은 우주를 한 몸에 담고 있는 자유로 파악이 된다. 그리고 우주를 몸에 품고 사는 시인이란, 신화적인 존재도 되고 "우주적 춤"을 추는 형이상학적인 형상이기도 하다. 더불어 허공에서 태어나서 "시공의 굴레를 벗어"난 시간과 공간을 모두 몸에 품은 있음과 없음의 존재론적 존재자이기도 하다. 그렇다면 화자가 인지하는 현실 속에서 시인의 진실은 무엇일까. 화자는 "나의 가락이 마음껏 뻗어나가/이 시공의 굴레를 벗어나게 해다오"라고 자유를 선언하기도 하고 "내 황홀은 그대가 가리킬 수 있는 그 어떤 곳도 아닌/허공에서 태어난다"라고 무형으로 존재하는 절

대적 존재를 주장하기도 한다. 화자는 그렇게 현실과 꿈의 세계를 쪽맞춤하면서 낭만주의자적 자유를 마음껏 구사하기도 한다. 이제 점점 시인으로 간주가 되는 시 속의 화자가 궁금해지면서 시인, 즉 화자는 밤마다 어디를 다녀오는 것일까, 다음의 시에서 우주의 속내를 캐보기로 한다.

밤마다 나는
이 땅을 떠나서
우주의 하염없는 변두리로
여행을 떠난다
주먹만 한 블랙홀이
우주를 삼켜버린다는
그 변두리로 여행을 떠난다
나는
번쩍이는 한 자락 바람에 지나지 않는다
나는
인드라 신의 그물에 걸려 퍼덕이는
한 마리 나비에 지나지 않는다
이윽고
끝내 땅을 떠나지 못하는
내 몸으로 돌아온다
내 아내의 숨소리도 들리는
내 방으로 돌아온다
내 마음은 내 몸에게 미안하다

그러나 또한
내 휘황한 우주여행이
내 몸이 연출하는
조화임을 알게 된다
내 마음 또한
내 몸을 떠날 수 없음을
깨닫게 된다

—「우주여행」 전문

화자는 시 속에서 한 마리 나비로 변하기도 하고, 다시 나비가 사람으로 환원되기도 한다. 장자의 호접몽 속에서도 장주가 나비인지, 나비가 장주인지 분명하지 않듯이 여기 화자 역시 마음이 몸인지, 몸이 마음이지 분명하게 경계 짓지 않는다. 마음과 몸이 한데로 모였다가 헤치기를 자유자재로 하듯 화자는 "밤마다 나는/이 땅을 떠나서/우주의 하염없는 변두리로/여행을 떠난다"는 것으로 안정되고 고정된 자리를 박차고 거부한다. 화자는 밤마다 우주의 변두리로 여행을 떠나면서 스스로를 "나는/번쩍이는 한 자락 바람"이라는 형체 없는 자유로 정의하기도 한다. 또한 운명의 손아귀에 붙들린 "인드라 신의 그물에 걸려 퍼덕이는/한 마리 나비"라는 하염없는 존재로 은유되기도 한다. 그런데 화자는 우주로 나아가면서 왜 굳이 "변두리" 즉 우주의 변두리로 여행을 떠난다고 일갈을 하는 것일까. 혹시 여행이라는 말에 단서가 있는 것은 아닐까. 위의 시는 제목이 「우주여행」 이기도 하지만 내 방에서 일어나는 한 밤의 에피소드이기도 하다. 그렇다면 화자로 간주되는 시인의 속내는 '방'이 곧 '우주'라는 테셀레이션적인 공식을 갖고 한 편의 시를 마무리 한 것은 아닐까. 내 마음에 우주를 품듯, 한 알의 모래 속에 우주가 담겨있다는 화엄의 일즉다一卽多의 중중 무진한 법계 연기를 이야기 한 것일지도 모른다. 그렇게 우주의 변두리를 떠돌던 화자는 "이윽고/끝내 땅을 떠나지 못하는/내 몸으로 돌아온다"로 잠시 몸을 벗어났던 존재는 다시 몸을 받아 현상의 계로 돌아오는 것으로 지금의 시간을 몸으로 소환한다. 그리고 현실로 돌아온 마음은 몸에게 "미안"함을 느낀다. 몸을 떠났던 마음이 몸을 지키고 있던 신체에게 미안함을 느끼는 순간 몸과 마음은 하나의 현실적인 존재로 환원이 된다. 그리고 지금 이승에서의 삶은 몸과 마음이 아주 떨어져서는 존재할 수 없는 것을 깨닫고 화자의 우주여행은 끝을 맺는다. 이쯤에서 화자가 거닐었던 변두리의 의문도 풀리듯 한데, 그것은 사람의 인생 역시 우주의 시간 속에서는 여행자의 비애, 혹은 인드라의 그물에 걸린 한 마리 나비라는 것을 암시한다. 다음의 시에서 고창수 선생의 아름다운 시론을 총체적으로 맛보기로 한다.

가을은 그 맑은 광채로
우주의 끝까지 비춰줍니다
우리의 몸은 오색 연처럼 하늘에 뜨고
우리의 눈 속엔
만화경의 세계가 넘실거립니다
우리의 넋을 울리는
우주 교향악이 울려 퍼집니다

우주의 무한공간 속으로 맨몸을 던졌던
옛 시인들을 기리게 하시고
한국말의 시원 너머
언어가 태어나는 기적을 보게 하소서
한민족의 가슴에 난 상처를
우리의 시 속에 옮겨오게 하소서
우리의 시공이
우주 속에 오래 피어있는 꽃동산임을 믿게 하소서
우주의 신비에 눈뜨게 하시고
또한 우주의 신비에 눈감게 하소서

—「가을에」 전문

유난히 가을을 사색하는 화자는 경계의 시간을 사랑하는 존재일지도 모른다. 그렇다면 경계의 화자가 가을을 사랑하는 이유는 여름도 겨울도 아닌 중간자적인 입장에서 어느 한 쪽에 가담하지 않아도 좋을 우주의 시간을 택했다고 보아도 무방할 것이다. 화자는 지금 시공을 초월해서 우주적인 기원을 하고 있는 중이다. 화자는 '우리'로 칭하는 '우리 화자'를 내세움과 동시에 가을이라는 경계적인 위치에서 시간과 공간을 모두 섭렵한다. 그리고 그는 "우주의 무한공간 속으로 맨몸을 던졌던/옛 시인들을 기리게 하시고/한국말의 시원 너머/언어가 태어나는 기적을 보게 하소서"라고 어떤 존재자를 향하여 언어의 시원에 대하여 염원을 한다. 제목인 「가을에」는 가을 어느 시간에 올리는 하나의 기도문으로 화자는 지금 "한민족의 가슴에 난 상처를/우리의 시 속에 옮겨오게 하소서"라고 축문을 올리듯 우주에 기원을 하는 것이다. 화자는 왜 우주 속에서 언어가 태어나는 기적을 보게 해달라는 기도를 올리는 것일까. 그것은 아마도 언어에 대한, 즉 시에 대한 믿음이 우주를 넘어 "우주 속에 오래 피어있는 꽃동산"이라는 것을 자신에게 암시하거나 각인시키는 것은 아닐까. 위의 시에 나타나는 "가을, 우주, 만화경, 교향악, 꽃동산"의 기표들은 모두 시를 드러내기 위한 하나의 도구로 운용이 되면서 '우주'와 '신비'가 맞짝을 이루어내는 미묘한 효과를 노린다. 그렇게 화자는 "가을은 그 맑은 광채로/우주의 끝까지 비춰"주는 것이라는 굳은 믿음으로 시를 쓴다.

여기까지 고창수 선생의 시를 읽었다. 그의 시를 읽어내려

가는 동안 환한 빛 같은 것을 느꼈다면 너무 과한 결론일까. 이번 시집에게서는 낭만주의자적인 희열이 문자의 곳곳에 언뜻언뜻 광채를 드러내고 있다. 시간과 우주에 대한 소견과 철학이 시속에서 활보하면서, 그의 시는 하나의 프레임 속에 갇히기를 단호하게 거부했다. 선생의 시는 다각도로 해석이 열려있는 언어의 웅혼한 세상을 우주론적으로 보여준다. 있음과 없음의 사색은 존재자를 존재하게 하는 존재에 대하여 조금 더 밀착하여 구체적인 모습으로 형상화되기도 한다. 그 모든 과정을 보여주었던 테셀레이션화 된 작업은 결국 모국어에 대한 고창수 선생의 철학이자 사랑이었음을 알겠다. 여기에서는 다루지 못했지만, 선생의 시에서 번뜩였던 동심과 위트 또한 백미였음을 귀띔한다. 여기까지 필자의 소견을 마치고 다음의 아름다운 선생의 시로 이번 시집의 상재를 축하한다.

고려청자 꽃병이 비어있다
목소리와 그 침묵의 뿌리
시간과 그 영겁의 뿌리
있음과 그 없음의 뿌리
서로 안에 담겨져 있다
음양이 서로 안에 담겨져 있듯
뱀의 머리가 제 꼬리 속으로 들어가듯
삶이 죽음을 삼켜버리는

죽음이 삶을 삼켜버리는…
빈 병을 들여다보는 두 눈 속으로
끝없이 소용돌이치는 시공이 보인다
꽃병에서 꽃을 꺼내 가는 손에
파란 불길이 인다

—「빈 꽃병」 전문